Petra Bartoli y Eckert

Unser Familien-Mitmach-Buch

Petra Bartoli y Eckert

# Unser Familien-Mitmach-Buch

Den Alltag gemeinsam gestalten

HERDER
FREIBURG · BASEL · WIEN

MIX
Paper from responsible sources
FSC® C010798
FSC
www.fsc.org


www.herder.de

Coverkonzeption und Umschlaggestaltung: agentur IDee
Umschlagmotiv: shutterstock/Evgeny Atamanenko,
shutterstock/shooarts

Innengestaltung und Satz: agentur IDee
Herstellung: Graspo CZ, Zlín

ISBN 978-3-451-60046-3

# Inhaltsverzeichnis

## Dieses Familienglücksbuch ist für:

..........................................................................

..........................................................................

..........................................................................

..........................................................................

..........................................................................

..........................................................................

..........................................................................

..........................................................................

..........................................................................

..........................................................................

**Wir alle machen mit!**

# Und so sieht unsere Familie aus:

**Hier könnt ihr euch selbst oder gegenseitig zeichnen – viel Spaß beim Gestalten eines Familienportraits!**

# Liebe Eltern, liebe Kinder,

ihr alle zusammen seid etwas wirklich Großartiges: eine Familie! Gemeinsam sorgt ihr dafür, dass es allen gut geht, dass ihr euch geborgen fühlt und dass jeder zwischendurch mal auftanken kann.

Damit euch das im Alltag auch wirklich gelingt, ist es wichtig, dass jeder in der Familie ernstgenommen wird. Ihr braucht immer wieder gemeinsame Momente und Erlebnisse, die euch das „Wir sind Familie!" erleben lassen.

Manchmal tut es einfach gut, sich Zeit zum miteinander Sprechen zu nehmen, gemeinsam kreativ zu sein, ein kleines Familienabenteuer zu erleben oder sich zusammen an eine zurückliegende Familienaktion zu erinnern. Werdet also aktiv!

Dabei kann euch dieses Mitmach-Heft unterstützen. Ihr müsst nicht alles, was ihr hier als Anregung findet, genauso hintereinander abhaken. Entscheidet selbst, was wann für euch passt.

Ob ihr also „Unser Familien-Mitmach-Buch“ in einem Urlaub ausprobiert oder über einige Wochen einen Tag dafür reserviert, bleibt euch überlassen. Wichtig ist: Macht etwas zusammen! Habt gemeinsam Spaß! Tut Dinge, die euch in Kontakt bringen und über die ihr noch lange miteinander reden könnt. Ich wünsche euch familienglückliche Tage.

*Petra Bartoli y Eckert*

Als Familie haben wir es besonders schön, wenn wir …

… uns die Bäuche kuglig lachen.

… miteinander die Lieblingsschokolade teilen.

… uns gegenseitig Geheimnisse ins Ohr flüstern.

… ohne Gummistiefel in Pfützen springen.

… uns gegenseitig Muster auf den Rücken malen.

… zusammen einen Schneemann bauen.

… nachts miteinander Sterne zählen.

… uns nach einem Streit wieder versöhnen.

… uns vorstellen, zusammen auf einer Wolke zu fliegen.

… gemeinsam das Ende des Regenbogens suchen.

… unser Glück mit den anderen gerecht teilen.

# Macht mal eine kleine Bestandsaufnahme

**Bevor es richtig losgeht, solltet ihr erst überlegen, wann und wo ihr schon gemeinsam Dinge gestaltet habt. Sammelt eure Glücksmomente. Lasst alle zu Wort kommen. Und freut euch noch einmal zusammen darüber.**

***„Das Wunder ist des Augenblicks Geschöpf.“***

Johann Wolfgang von Goethe

**So würde es aussehen, wenn ihr euer Glück malen würdet:**

# Wo und wann verbringt ihr Zeit miteinander?

**Erinnert euch an Orte, Situationen und Begebenheiten, die ihr gemeinsam erlebt habt und an die ihr euch gerne erinnert. Dann schreibt sie auf.**

Dort waren wir zusammen richtig glücklich:

Damals waren wir als Familie richtig glücklich:

Das macht uns alle richtig glücklich:

# Ich will mitreden

## Führt eine Familiensitzung ein

# Setzt euch zusammen und entscheidet gemeinsam

**Mitreden zu dürfen, macht zufrieden – und glücklich! Das gilt sowohl für Kinder als auch für Erwachsene. Denn wer mitreden darf, fühlt sich ernst genommen und hat Bedeutung für die Gruppe. Übrigens ist Mitsprache sogar ein Kinderrecht, das in den UN-Kinderrechtskonventionen ausdrücklich festgeschrieben wurde.**

Mitreden und Mitentscheiden haben noch einen weiteren Effekt: Wer an den Absprachen beteiligt war und sich einbringen durfte, ist anschließend voller Energie bei der Sache. Jeder, der ein Wörtchen mitzureden hatte, übernimmt also Verantwortung und beteiligt sich an der Ausführung des Plans oder Vorhabens.

Wie werden in eurer Familie Entscheidungen getroffen? Wie löst ihr Probleme, wenn es mal Ärger gibt? Jeder – egal ob Kind oder Erwachsener – möchte, dass seine Meinung ernst genommen wird und er mitentscheiden darf. Darum ist es sinnvoll, dass ihr euch alle regelmäßig an einen Tisch setzen, um gemeinsam alles Wichtige innerhalb eurer Familie zu besprechen.

Eine Familiensitzung eignet sich dazu ganz hervorragend. Ihr könnt euch das so wie bei einer Regierungssitzung vorstellen: Alle sind anwesend, jeder bekommen Redezeit und anschließend wird gemeinsam abgestimmt.

Nein, eigentlich ist eine Familiensitzung noch viel besser! Denn anders als bei Politikern müsst ihr in eurer Familie niemanden überzeugen. Ihr könnt euch fair austauschen. Und ihr braucht keine Angst zu haben, beim nächsten Mal als Mama, Tochter, Papa oder Sohn vielleicht nicht wiedergewählt zu werden.

Plant am besten gleich heute die erste Sitzung. Damit es nicht drunter und drüber geht, solltet ihr euch immer an einen bestimmten Ablauf und gewisse Regeln halten.

***„Das Kind hat das Recht,***
***ernstgenommen,***
***nach seiner Meinung***
***und nach seinem Einverständnis***
***gefragt zu werden.“***

Janusz Korczak

# So gestaltet ihr eure Familiensitzung am besten

**Wenn eure Familiensitzung immer gleich abläuft, kennt sich jeder aus. Routine gibt jedem Sicherheit. Dann können sich auch die jüngsten Familienmitglieder einbringen. Denn sie wissen, wie es geht und was ansteht. Hier findet ihr eine Übersicht, wie ihr Schritt für Schritt eure Sitzungen gestalten könnt.**

## *Legt eine bestimmte Zeit fest*

Wichtig ist, dass jeder von euch an der Familiensitzung teilnimmt. Nur so sind Absprachen möglich und sinnvoll. Darum muss auch jeder Zeit haben. Überlegt vor eurer ersten Familiensitzung, welcher Zeitpunkt am besten passt. Wie wäre es mit Samstagnachmittag? Oder Freitagabend?

Plant zwischen 30 und 90 Minuten ein. Es kommt darauf an, wie alt der Jüngste oder die Jüngste in eurer Familie ist. Gibt es in eurer Familie Kindergartenkinder, sollte die Sitzung nicht länger als eine halbe Stunde dauern. Sind bei euch schon alle älter, kann eure Sitzung auch länger gehen.

## Bereitet den Raum für eure Sitzung vor

Bei eurer Familiensitzung sollen alle Lust haben, sich einzubringen. Trefft euch darum dort, wo jeder gerne ist: am Küchentisch, auf der Couch im Wohnzimmer oder wo immer ihr euch gerne aufhaltet. Räumt alles, was euch stören könnte, beiseite.

Schaltet die Türklingel ab und das Telefon während eurer Familiensitzung auf stumm. Ihr könnt auch eine Kerze anzünden oder Blumen auf den Tisch stellen. Auf jeden Fall soll es gemütlich sein und jeder sich wohlfühlen.

## Legt fest, wer eure Familiensitzung leitet

Jede Sitzung braucht einen Gesprächsführer. Das ist derjenige, der die Sitzung eröffnet, zusammenfast und am Schluss beendet. Sinnvoll ist es auch, dass der Gesprächsführer die Uhr im Auge behält. Nicht dass ihr euch stundenlang festquatscht.

Bei den ersten Familiensitzungen sollte die Gesprächsführung am besten ein Erwachsener übernehmen. Wenn ihr schon geübter seid, könnt ihr einfach durchwechseln.

## Sprecht am Anfang drüber, wann ihr euch übereinander gefreut habt

Beginnt die Sitzung nicht gleich mit einem schwierigen Thema, sondern sprecht am Anfang immer über etwas Positives. Macht zum Beispiel eine Runde, in der jeder sagt, worüber er sich beim anderen diese Woche gefreut hat. Oder worauf ihr bei dem anderen stolz seid.

## Legt fest, worüber ihr sprechen wollt

Für eure Familiensitzung solltet ihr auch so etwas wie eine Tagesordnung festlegen. Sammelt alles, was in eurer Familie aktuell ansteht. Wenn es zu viele Themen sind, dann einigt euch auf die wichtigsten zwei oder drei.

## Redet über eure Themen

Jetzt bekommt jeder von euch Redezeit. Sagt, was euch zu dem jeweiligen Thema einfällt. Wie geht es euch damit? Habt ihr eine Idee, wie man ein Problem lösen könnte? Dabei wird jeder Vorschlag angehört und darüber gesprochen.

**Am Ende dieser Austauschrunde stimmt ihr demokratisch ab, für welche Lösung ihr euch entscheidet. Dabei haben alle ein Stimmrecht. Und keine Stimme wiegt mehr als die andere!**

## *Schreibt auf, worauf ihr euch geeinigt habt*

Wenn ihr eine Absprache getroffen habt oder eine Lösung ausprobieren wollt, dann schreibt euer Ergebnis auf. Hängt den Zettel zum Beispiel an euren Kühlschrank oder an die Pinnwand. Dann kann später niemand sagen, er hätte es vergessen ...

## *Gestaltet einen schönen Abschluss*

Nach langen Verhandlungen sind bestimmt alle etwas außer Puste. Jetzt ist es wichtig, dass ihr euch noch etwas Gutes tut. Nehmt euch Zeit für eine kleine, schöne Gemeinschaftsaktion. Das könnte ein Spiel sein. Oder ihr geht noch eine Runde spazieren. Vielleicht schaut ihr euch auch zusammen einen Film an. Tut, was allen gefällt!

# Achtung, Achtung! Diese Regeln solltet ihr einhalten

**Jedes Familienmitglied ist ein wichtiger Sitzungsteilnehmer. Darum ist es auch notwendig, dass sich alle an bestimmte Regeln halten. Besprecht vor der ersten Familiensitzung, was für jeden gilt. Am besten bestätigt ihr euer Einverständnis durch eine Unterschrift.**

***„Die Regel<br>verstehen ist das Erste,<br>sie ausüben lernen<br>ist das Zweite."***

Arthur Schopenhauer

**Wir sind damit einverstanden, dass sich bei unseren Familiensitzungen alle an Folgendes halten:**

Unsere Sitzungen finden immer
am ______________ um ______________ statt.

- Wir gehen während unserer Familiensitzungen nicht ans Telefon oder an die Tür, alle schalten ihre Geräte aus und legen sie beiseite.
- Jeder darf seine Meinung sagen. Niemand wird dafür ausgelacht.
- Wir hören uns gegenseitig zu und jeder darf ausreden.
- Bei Abstimmungen hat jeder eine Stimme, die genauso viel zählt wie alle anderen.

Unterschriften aller Familienmitglieder:

.......................................................................................

.......................................................................................

.......................................................................................

.......................................................................................

.......................................................................................

.......................................................................................

.......................................................................................

# Das alles kann auf eurer Tagesordnung stehen

**Die Themen, über die ihr in der Familiensitzung sprechen könnt, sind ganz individuell. Hier könnt ihr euch inspirieren lassen:**

- **Wohin soll der nächste Urlaub gehen?**
- **Wer geht morgens zuerst ins Bad?**
- **Wer darf im Auto wo sitzen?**
- **Wie viele Leute darf man eigentlich zur Geburtstagsfeier einladen?**
- **Wer bringt wann den Müll raus?**
- **Wann ist Hausaufgabenzeit und wie lange?**
- **Was schenken wir Opa zum Geburtstag?**
- **Brauchen wir ein Haustier?**
- **Wollen wir nächsten Sonntag einen Ausflug machen?**
- **Wer darf das Fernsehprogramm bestimmen?**
- **Was war der Grund für den letzten Streit?**
- **Worüber hat sich jeder zuletzt geärgert?**

# Was wollt ihr gemeinsam besprechen?

**Jetzt seid ihr dran! Plant eure Familiensitzung.**
**Am besten macht ihr Notizen zu allen wichtigen Punkten.**

**Das ist der Plan für unsere Familiensitzung:**

Hier wollen wir uns zusammensetzen:

Das ist unser Zeitplan:

Über diese Themen wollen wir sprechen:

Wer schreibt unsere Ergebnisse auf und wo werden sie aufgehängt?

Das wollen wir nach unserer Familiensitzung gemeinsam machen:

# Unser Familien-erkennungszeichen!

## Werdet kreativ

***„Ohne Phantasie hätte die Menschheit den Mut zum Weiterexistieren längst verloren."***

Christian Morgenstern

**Lasst eurer Phantasie freien Lauf! Hier könnt ihr schon mal loskritzeln und erste Ideen aufs Papier bringen:**

# Findet ein Familiensymbol

**Vielleicht kennt ihr den Begriff „Corporate Identity“. Das nutzen viele Firmen, um nach außen hin zu zeigen, wer oder was zusammengehört. Die Angestellten im Supermarkt um die Ecke tragen alle ein T-Shirt in derselben Farbe und mit demselben Aufdruck. Die Verpackungen von Dingen einer Marke sehen alle gleich aus. Auf dem Buchdeckel findet ihr immer das Logo des Verlages, bei dem das Buch erschienen ist.**

Für eure Familie kann es ein solches Erkennungsmerkmal auch geben. Was macht euch als Familie unverwechselbar? Was ist euer gemeinsames Lieblingssymbol oder Lieblingstier, euer gemeinsamer Lieblingsort?

## Das könnt ihr zu eurem „Markenzeichen“ werden lassen

Überlegt euch gemeinsam, was ihr als Familiensymbol entwerfen wollt, um allen anderen zu zeigen: „Hey, schaut mal, hier wohnt Familie Mustermann!“ Eurer Phantasie sind dabei keine Grenzen gesetzt. Gestaltet zum Beispiel ein Türschild mit eurem Familiensymbol oder malt es für jedes Mitglied auf ein T-Shirt. Sammelt alle Vorschläge, entscheidet euch dann für einen davon – und dann legt los!

**Übrigens: Jeder von euch kann sich beim Kreativwerden einbringen. Denn jeder kann etwas anderes gut. Überlegt mal, welche kreative Ader in wem von euch steckt:**

.................................................. (Name) kann gut:

..................................................

.................................................. (Name) kann gut:

..................................................

.................................................. (Name) kann gut:

..................................................

.................................................. (Name) kann gut:

..................................................

.................................................. (Name) kann gut:

..................................................

malen basteln

nähen kleben

sägen hämmern

stricken erfinden

Gemeinsam kreativ
sein heißt:

Spaß haben,
um die Ecke denken,
Spuren hinterlassen,
kleckern ohne meckern,
etwas erschaffen,
zusammenarbeiten,
das Wir spüren.

**Jetzt könnt ihr euren Talenten freien Lauf lassen. Auf den folgenden Seiten findet ihr ein paar Vorschläge, wie ihr euer Familienerkennungszeichen zu Gestalt verhelfen könnt.**

# Bemalt eine Familienflagge

**Bei vielen Festen oder bei Fußballereignissen – immer, wenn es um etwas Großes geht, werden Fahnen gehisst. Ihr könnt euch als Familie eine eigene Familienflagge kreieren. Und wann ihr die flattern lasst, das entscheidet ihr gemeinsam.**

## *Das braucht ihr für eure Familienflagge:*

- ein weißes Laken, das bemalt werden kann
- Stoffmalstifte in verschiedenen Farben
- große Kartons oder Malerfolie zum Unterlegen
- ein Bügeleisen

## Dann könnt ihr loslegen:

Legt den Boden zuerst mit Karton oder Folie aus. Breitet das Laken darauf aus. Damit niemand dem anderen beim Gestalten in die Quere kommt, teilt ihr das Laken zuerst in gleich große Kästchen ein, und zwar in der Anzahl eurer Familienmitglieder. Vielleicht lasst ihr in der Mitte etwas Platz. Hier könnt ihr dann gemeinsam euer Familiensymbol aufmalen.

Dann bemalt jeder sein Kästchen nach seinen Vorstellungen. Am Ende ist eine Fahne entstanden, die aus vielen, für eure Familie typischen, Einzelteilen besteht und auch euer Familien-Corporate-Identity abbildet.

Damit eure Fahne auch einen Regenguss übersteht, solltet ihr, sobald die Stofffarben trocken sind, das Laken noch bügeln. Zum Hissen könnt ihr die Flagge mit Hammer und Nägeln an einem langen Rundstab befestigen und im Garten in die Erde stecken.

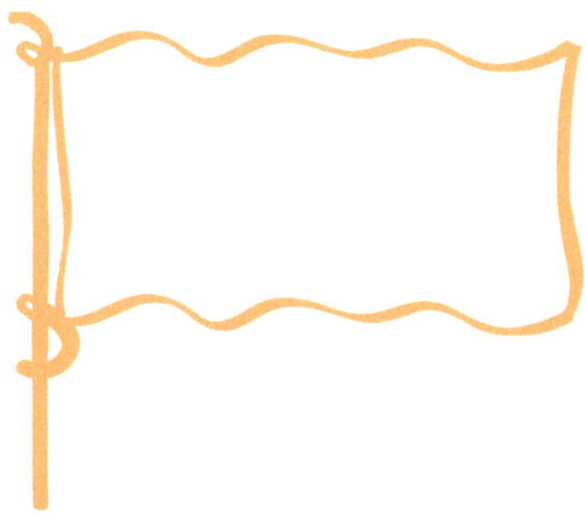

# Entwerft ein Familienwappen

**Rittersfamilien, Adelsgeschlechter oder Klöster – sie alle hatten früher das Recht, ein Wappen zu haben. Manche Familie mit langem Stammbaum trägt noch heute ein Wappen. Aber auch wenn ihr keine Fürsten oder Baroninnen seid, könnt ihr euch ein eigenes Familienwappen zulegen. Ihr müsst das ja nicht gleich offiziell mit allem Brimborium tun, und es amtlich registrieren lassen. Gestaltet einfach für euch selbst ein „Aushängeschild", das all das beinhaltet, was eure Familie ausmacht.**

## Das braucht ihr für euer Familienwappen:

- Zettel und Stift
- eine Holzplatte, die in Form eines Wappenschildes zugeschnitten ist
- verschiedene Acrylfarben
- Klarlack zum Sprühen

## Dann könnt ihr loslegen:

Sammelt zuerst all die Dinge, die für eure Familie wichtig sind und euch ausmachen: Seid ihr eine besonders große Familie? Wohin fahrt ihr gerne in den Urlaub? Habt ihr ein Haustier? Fahrt ihr ein besonderes Auto? Schreibt alles auf, was euch an Besonderheiten einfällt.

Dann zeichnet ihr diese besonderen Merkmale auf euer Wappenschild. Kleiner Tipp: Vielleicht findet ihr auch hier einen Platz für euer Familiensymbol. Anschließend wird alles noch farbig ausgemalt. Wenn die Farben trocken sind, werden sie mit Klarlack fixiert. Sucht euch zum Schluss einen schönen Platz, wo ihr euer persönliches Familienwappen aufhängen könnt.

# Bastelt ein Familienmaskottchen

**Ein Tier, das für eine Fußballmannschaft steht, ein Fuchs, der für eine Bausparkasse wirbt oder ein laufendes Schoko-Ei: Maskottchen stehen entweder für eine Marke oder sollen Glück bringen. Genau den gleichen Zweck kann auch euer Familienmaskottchen erfüllen, und mehr noch: es kann euch in den Urlaub begleiten und auf der Rückbank dafür sorgen, dass die Fahrt nicht so langweilig wird. Oder es kann von demjenigen beansprucht werden, der gerade eine Herausforderung zu bewältigen hat – egal ob erster Schultag, Prüfung oder Geschäftsreise.**

## *Das braucht ihr für euer Familienmaskottchen:*

- eine Socke (Bestimmt frisst eure Waschmaschine hin und wieder Socken – ein übriggebliebenes Exemplare könnt ihr hier verwenden ...)
- Nadel, Faden und Schere
- Füllwatte
- Biegeplüsch (nennt man auch Pfeifenputzer)
- zwei Knöpfe

## Dann könnt ihr loslegen:

Schneidet von der Socke oben den Gummi ab. Nehmt einen Biegeplüsch, biegt die beiden Enden einmal um und verdreht sie. So kann nachher nichts piksen.

Dann steckt ihr erst den Biegeplüsch in den Sockenschlauch. Anschließend stopft ihr den Schlauch mit Füllwatte aus. Zum Schluss näht ihr das offene Ende des Sockenschlauchs zu. Und vorne näht ihr knapp über der Sockenspitze zwei Knöpfe als Augen auf. Fertig ist euer Familienmaskottchen.

# Bestückt eine besondere Fotogalerie-Wand

**In Schlössern sieht man häufig in den Fluren oder im Treppenhaus Ahnengalerien. Das sind Bilder von Uropa, Ururoma, Großtanten und anderen wichtigen – meist längst verstorbenen – Familienangehörigen.**

Gestaltet für euer Treppenhaus oder euren Flur doch auch eine Familienfotogalerie – aber eine ganz besondere! Eine, die eure Besucher und Gäste zum Staunen bringen wird. Und auch ihr könnt immer wieder für ein paar Momente stehen bleiben und über die ausgestellten Einzelheiten schmunzeln.

## *Das braucht ihr für eure besondere Fotowand:*

- eine Digitalkamera (analog geht natürlich auch)
- Bilderrahmen in unterschiedlichen Größen
- und natürlich Hammer und Nägel zum Aufhängen der Rahmen

## *Dann könnt ihr loslegen:*

Fotografiert euch gegenseitig. Aber nicht im Ganzen. Denn das ist die Besonderheit eurer Fotogalerie: Ihr macht Bilder von Einzelteilen der Familienmitglieder. Fotografiert also Papas Ohr, die Locken der kleinen Schwester, das Auge des großen Bruders, Mamas Daumen. Alle Details, die ihr lustig findet und etwas ganz persönliches von jedem einzelnen zeigen, werden festgehalten.

Wählt anschließend gemeinsam aus, welche Fotos ihr ausdrucken wollt und in welcher Größe. Dann kommen die Bilder in die Rahmen, und ab an die Wand damit!

# Gestaltet ein Familienfenster

**Die Fenster eurer Wohnung oder eures Hauses sind Gucklöcher nach draußen. Aber auch von außen kann man durch die Fenster hineinsehen. Wie wäre es, wenn der erste Blick von Neugierigen auf ein Fensterbild fällt, das ihr als Familie gemeinsam gemalt habt?**

Bei der Gestaltung eines solchen Familienfensters kann jeder von euch mitmachen – auch die Jüngsten. Und es verändert von außen nicht nur die Sichtweise auf eure Familie, sondern auch eure Blickwinkel nach draußen in die Welt.

## *Das braucht ihr für euer Familienfenster:*

- Fingerfarben
- einen Ceranfeld-Schaber (aber erst, wenn ihr euer Bild am Fenster wieder entfernen wollt)

## *Dann könnt ihr loslegen:*

Wählt zuerst ein Fenster aus, überlegt dann, was ihr malen wollt. Wichtig ist, dass jeder mitbestimmen darf.

Jeder kann z. B. seinen Handabdruck auf der Fensterscheibe hinterlassen, oder sie mit den Fingern betupfen. Oder aber ihr malt ein Gemeinschaftsbild mit Haus und Baum, Sonne und Wolken. Erlaubt ist, was euch gefällt!

# Legt los mit euren Familienerkennungszeichen

**Was wollt ihr umsetzen? Ihr könnt euch für einen oder auch für mehrere der Vorschläge entscheiden. Oder aber ihr entwerft etwas ganz anderes. Wenn ihr euch nicht einigen könnt, muss eine demokratische Lösung her. Jedes Familienmitglied darf einen Strich hinter drei seiner Favoriten setzen. Die Felder mit den meisten Strichen werden angepackt.**

***Familienwappen entwerfen:***

***Familienfenster bemalen:***

***Familienmaskottchen basteln:***

***Familiensymbol gestalten:***

***Familienflagge entwerfen:***

***Fotogalerie bestücken:***

Familienwappen entwerfen

Familienfenster gestalten

Familien-maskottchen basteln

Familiensymbol gestalte

Familienflagge entwerfen

Fotogalerie bestücken

## Wow, das ist spannend!

# Erlebt zusammen Abenteuer

# Heute soll es mal so richtig aufregend werden

Jeden Tag das Gleiche machen? Das ist ja langweilig! Und Langeweile war gestern. Denn heute macht ihr mal Sachen, die ihr noch nie zuvor gemacht habt. Etwas, das ungewohnt ist. Etwas Spannendes. Etwas Lustiges. Etwas, das euch herausfordert. Hauptsache, ihr macht es gemeinsam und alle sind gerne dabei. Stürzt euch in euer persönliches Familienabenteuer! Denkt dran:

***„Es sind immer die Abenteurer,<br>die große Dinge vollbringen.“***

Charles de Secondat

Bei eurem heutigen Abenteuer sind Kopf, Herz, Fantasie, ein bisschen Mut und auch mal um die Ecke denken gefragt. Und jeder von euch spielt dabei eine wichtige Rolle.

Bevor ihr loslegt, ruft euch alle bisherigen Familienabenteuer noch einmal ins Gedächtnis. Was habt ihr schon Spannendes zusammen erlebt?

## Diese Abenteuer liegen schon hinter euch

Egal ob das gemeinsame Sitzen am Lagerfeuer, eine Schnitzeljagd oder eine Irrfahrt auf dem Weg in den Urlaub: Schreibt auf, welche Abenteuer ihr schon gemeinsam bewältigt habt

Das haben wir gemeinsam erlebt. Das war total spannend!

Da brauchten wir echt Mut. Aber am Ende haben wir es als Familie geschafft:

# Das wird ein echter Abenteuer-Ausflug!

**Macht gemeinsam eine Fahrt ins Blaue – oder ins Grüne oder Gelbe. Denn so genau lässt sich das bei einem Abenteuer-Ausflug vorher nicht sagen. Diesmal ist nämlich der sprichwörtliche Weg das Ziel. Und wo ihr dabei landet, entscheidet der Zufall.**

Setzt euch ins Auto oder auf eure Fahrräder. Nehmt etwas zu trinken mit. Steckt etwas Geld ein. Eine Münze sollte auch dabei sein. Und schon beginnt das Abenteuer. Ihr fahrt gemeinsam in eine Richtung los. Schon an der ersten Kreuzung lasst ihr das Schicksal entscheiden.

## „Kopf oder Zahl" entscheidet

Werft die Münze. Liegt die Zahl oben, biegt ihr nach rechts ab. Landet die Münze so, dass ihr das Symbol sehen könnt, geht's weiter nach links. In diesem Sinne setzt ihr an jeder Kreuzung und Weggabelung eure Fahrt fort.

Seid ihr irgendwo angekommen, wo es euch allen gefällt, dann seid ihr am Ziel eures Ausflugs.

Was war der schönste Moment an unserem heutigen Familienabenteuer?

# Stürzt euch gemeinsam in ein Kochabenteuer

**Ihr esst sicherlich jeden Tag zumindest einmal zusammen. Wer kocht bei euch das Essen? Gut, heute macht ihr das mal anders. Denn heute kocht ihr alle gemeinsam. Aber nicht etwas, was es bei euch häufig gibt. Ihr probiert diesmal etwas ganz anderes aus.**

## *Der Überraschungseffekt liegt in den Zutaten*

Geht erst mal gemeinsam einkaufen. Die Regel, die dabei gilt: Jeder von euch sucht sich drei Zutaten für euer gemeinsames Essen aus. Und niemand darf ihm reinreden.

Habt ihr alle eure Zutaten gut nach Hause gebracht, versammelt ihr euch in der Küche. Schaut euch gemeinsam an, was für das Essen zur Verfügung steht. Was lässt sich daraus zaubern? Schreibt hier eure Ideen auf:

Unser heutiges Überraschungsmenü:

..................................................

..................................................

..................................................

..................................................

..................................................

..................................................

..................................................

..................................................

..................................................

..................................................

..................................................

..................................................

..................................................

..................................................

..................................................

..................................................

..................................................

..................................................

..................................................

Dann legt los. Jeder bekommt eine Aufgabe. Wenn euer Überraschungsessen fertig ist, wird natürlich gemeinsam gespeist. Guten Appetit!

# Macht ein Picknick – ohne Rücksicht auf's Wetter

**Seid ihr manchmal reif für die Insel? Dann veranstaltet doch heute mal ein Picknick darauf. Nein, ihr müsst dazu nicht ins Flugzeug steigen. Macht euch eure Insel einfach selbst.**

## *Auf der „Unterm-Tisch-Insel" ist es schön trocken*

Holt eine Picknickdecke und breitet sie auf der Insel aus. Die ist – ganz einfach: unter eurem Esstisch. Das Gute daran ist, dass es ganz egal ist, ob es heute regnet, schneit oder so heiß ist, dass man draußen kaum einen Schattenplatz findet. Auf eurer Insel unter dem Tisch ist es trocken, windstill und angenehm warm. Da schmecken Würstchen, Kekse und Apfelspalten bestimmt besonders gut.

## „Unterm-Tisch-Insel“-Gedanken

**Wir**

**alle zusammen**

**unterm Tisch sitzend –**

**– da kann kein Krümel**

**vom Tisch fallen:**

**Ist das**

**gemütlich!**

# Geht auf Nachtwanderung – gruseln garantiert!

**Schon der Gedanke an eine Nachtwanderung jagt so manchem einen Schauer über den Rücken. Wenn ihr als Familie eine Nachtwanderung unternehmt, habt ihr jemanden dabei, auf den ihr euch verlassen könnt. Der Gruselfaktor wird aber dennoch nicht zu kurz kommen.**

## *Diese Vorbereitungen sind für eine Nachtwanderung notwendig:*

Sucht euch eine Route aus, auf der es nachts wirklich dunkel ist. Am besten eignet sich natürlich ein Waldweg. Was ziemlich gefährlich klingt, ist es aber eigentlich nicht. Nachts eine Landstraße ohne Beleuchtung zu überqueren wäre viel gefährlicher.

Einer von euch – am besten ein Erwachsener oder das älteste Geschwisterkind – sollte die Route eurer Nachtwanderung im Hellen vorab schon mal ablaufen, so weiß er auch im Dunkeln, wo es langgeht.

Jeder braucht eine funktionierende Taschenlampe, die aber immer wieder ausgeknipst werden kann. Traut ihr euch, ein Stück im Stockdunkeln zu gehen?
Jeder muss zudem feste Schuhe anhaben. Gerade im Wald oder auf unebenem Gelände ist das wichtig, damit niemand umknickt oder sich verletzt.
Wenn ihr schweigend geht, macht ein Signal aus, das zeigt, wo ihr seid. Oder jeder nimmt eine Fahrradklingel mit, um sich bemerkbar zu machen.
Vielleicht hat ja einer von euch Lust, sich eine Gruselgeschichte zu überlegen. Die kann er dann erzählen, wenn alle den Zielpunkt erreicht haben.

***„Das Geheimnis
des Vorwärts kommens
besteht darin,
den ersten Schritt zu tun.“***

Mark Twain

# Macht einen Plan für euer Familienabenteuer

Gefällt euch einer dieser Vorschläge, für euer eigenes Familienabenteuer? Oder habt ihr eine ganz andere Idee? Notiert eure Favoriten und stimmt dann gemeinsam darüber ab. Und denkt immer daran: Das Abenteuer, das heute knapp überstimmt wurde, wird einfach beim nächsten Mal durchgeführt.

Dieses Abenteuer wollen wir heute gemeinsam erleben:

Das kommt als nächstes dran:

Das fällt uns noch dazu ein. Diese Ideen wollen wir unbedingt noch ausprobieren:

# Mal zusammen, mal allein!

# Nehmt euch Zeit für euch selbst

# Einfach mal nur ich mit mir

**Als Familie macht ihr sicher vieles zusammen. Doch manchmal will jeder von euch auch mal Zeit für sich haben. Das ist vollkommen in Ordnung. Wenn ihr mal in Ruhe etwas alleine machen konntet, macht es anschließend auch wieder richtig Spaß, etwas gemeinsam zu tun.**

Wie viel Zeit wer von euch für sich braucht, wird ganz unterschiedlich sein. Das könnt ihr zum Beispiel in einer Familiensitzung zum Thema machen. Nehmt euch Zeit, über eure Zeitwünsche zu sprechen.

***„Nimm dir jeden Tag***
***die Zeit,***
***still zu sitzen***
***und auf die Dinge***
***zu lauschen.***
***Achte auf die Melodie***
***des Lebens,***
***welche in dir schwingt.“***

Buddha

# Zeit nur für mich

... zum Lesen.

... zum Spielen.

... zum Nachdenken.

... zum mit mir selbst reden.

... zum in der Nase bohren.

... zum Singen.

... zum Grimassen schneiden.

... zum einfach nur Löcher
in die Luft starren.

# Wofür willst du Zeit haben?

**Was ist jedem einzelnen von euch wichtig? Wofür braucht jeder Zeit nur für sich? Schreibt das doch mal auf:**

Ich, ______________________ (tragt euren Namen ein),
brauche Zeit für mich, um ...

..........................................................................................

..........................................................................................

..........................................................................................

..........................................................................................

..........................................................................................

..........................................................................................

..........................................................................................

..........................................................................................

..........................................................................................

..........................................................................................

..........................................................................................

..........................................................................................

..........................................................................................

..........................................................................................

..........................................................................................

..........................................................................................

..........................................................................................

Ich, ______________________ (tragt euren Namen ein),
brauche Zeit für mich, um ...

..............................................................................................

..............................................................................................

..............................................................................................

..............................................................................................

..............................................................................................

..............................................................................................

..............................................................................................

..............................................................................................

..............................................................................................

..............................................................................................

Ich, ______________________ (tragt euren Namen ein),
brauche Zeit für mich, um ...

..............................................................................................

..............................................................................................

..............................................................................................

..............................................................................................

..............................................................................................

..............................................................................................

..............................................................................................

..............................................................................................

..............................................................................................

..............................................................................................

Ich, ______________________ (tragt euren Namen ein),
brauche Zeit für mich, um …

..........................................................................................

..........................................................................................

..........................................................................................

..........................................................................................

..........................................................................................

..........................................................................................

..........................................................................................

..........................................................................................

..........................................................................................

..........................................................................................

Ich, ______________________ (tragt euren Namen ein),
brauche Zeit für mich, um …

..........................................................................................

..........................................................................................

..........................................................................................

..........................................................................................

..........................................................................................

..........................................................................................

..........................................................................................

..........................................................................................

..........................................................................................

..........................................................................................

# Hier bin ich gerne allein

**Malt hier euren persönlichen Lieblingsplatz, an dem ihr gerne Zeit für euch habt. Ihr könnt auch ein Foto davon machen und einkleben:**

Lieblingsplatz von

Lieblingsplatz von

Lieblingsplatz von

Lieblingsplatz von

Lieblingsplatz von

# Bitte nicht stören!

**Wenn ihr Zeit für euch braucht, dann wollt ihr dabei sicherlich Ruhe haben. Hängt für diese Zeit ein Schild an eure Tür, das die anderen darüber informiert.**

**BITTE JETZT
AUF KEINEN FALL
STÖREN!**

***Ich brauche
gerade Zeit
für mich.***

# Zeit für sich selbst – ein gutes Gefühl!

**Hattet ihr Zeit für euch, dann fühlt ihr euch jetzt wahrscheinlich auf eine besondere Weise gut. Wie fühlt es sich an, wenn ihr Zeit für das hattet, was ihr alleine machen wolltet? Kreist die Worte, die zutreffen ein und ergänzt, was euch noch in den Sinn kommt:**

ausgeruht
fröhlich
informiert
aufgeweckt
inspiriert
beglückt
mutig
stark
erfolgreich
entspannt

## Heute bin ich mal du

# Tauscht die Rollen

# Schlüpft einen Tag in die Rolle eines anderen Familienmitglieds

**Traut ihr euch ein Experiment zu, von dem ihr nicht wisst, wie es ausgehen wird? Dann kommt hier die Aufgabe des Tages: Heute sind die Kleinen groß und die Großen klein. Die Kinder übernehmen die Pflichten der Erwachsenen – und haben auch entsprechende Rechte. Und die Erwachsenen schlüpfen in die Rolle der Kinder.**

***„Die höchste Form des Glücks<br>ist ein Leben<br>mit einem gewissen Grad<br>an Verrücktheit.“***

Erasmus von Rotterdam

Zugegeben, etwas verrückt ist dieser besondere Familientag schon. Aber wenn ihr euch darauf einlasst, können alle davon profitieren. Denn die Erwachsenen erleben, wie es ist, wenn andere die Regeln aufstellen, oder sie um Erlaubnis fragen müssen. Und die Kinder setzen sich damit auseinander, Verantwortung zu übernehmen und den Familienalltag zu managen.

**Wie malt ihr euch euren Rollentausch aus? Holt Stifte und lasst der Fantasie freien Lauf:**

## *Wenn ich jemand anders wäre, dann würde ich …*

Jetzt seid ihr an der Reihe. Jeder schreibt auf, was er dann machen würde:

Wenn ich ______ wäre, dann würde ich

Wenn ich ______ wäre, dann würde ich

Wenn ich wäre, dann würde ich

Wenn ich wäre, dann würde ich

# Gesetze, die beim Rollentausch gelten

**Bevor ihr nun aber wirklich loslegt, gibt es natürlich ein paar Spielregeln, die jeder beachten muss. Das Wichtigste für beide Seiten:**

## *Nehmt eure Rolle ernst!*

**Eigentlich ergeben sich aus dieser Grundsatzregel alle anderen Regeln von selbst:**
Nutzt eure Position nicht aus. Es geht nicht darum, dem anderen mal zu zeigen, was ihr in eurer neuen Rolle alles anstellen könnt. Sprecht euch vorher ab, was für den Rollentauschtag alles ansteht, z. B. einkaufen, Wäsche waschen, gemeinsam spielen, Freunde besuchen usw.

Traut euch, die Rollen ganz einzunehmen. Die „erwachsenen Kinder" spielen im Kinderzimmer und mischen sich nicht in die Arbeiten der „Kinder-Eltern" ein. Und natürlich umgekehrt: Die „Kinder-Eltern" überlassen ihr Kinderzimmer den „erwachsenen Kinder" und überlegen sich gut, was sie erlauben und was besser verboten werden sollte.

Sucht euch einen geeigneten Tag für den Rollentausch aus. Am besten am Wochenende. Dann stehen keine Pflichten außer Haus wie Schule oder Arbeit an.

Legt fest, wie lange euer Experiment genau dauern soll. Fangt beispielsweise am Samstagmorgen sofort nach am Aufstehen an. Und um acht Uhr abends beendet ihr das Spiel wieder. Am besten übernimmt einer von euch das Startsignal und schaut auf die Uhr um später alle über das Ende zu informieren.

Erzählt den wichtigsten Menschen in eurem Umfeld davon. Dann weiß auch Oma, dass sie heute die Vereinbarungen für den Besuch mit einem der „Kind-Eltern“ besprechen muss.

***„So handel in einer Weise,<br>dass Deine Taten für alle<br>zum Gesetz werden können …“***

Immanuel Kant

# Die Sache mit dem Geld …

**Überlegt euch zudem gemeinsam, wer was für seine Rolle braucht. Das heißt konkret: Die „Kinder-Eltern" bekommen ein gewisses Budget für den Rollentauschtag. Und die „erwachsenen Kinder" dürfen sich nicht einmischen, wofür das Geld ausgegeben wird.**

Im Gegenzug bekommen die „erwachsenen Kinder" ein kleines Taschengeld, mit dem sie tun können, was sie wollen.

***„Die größte Ehre,***
***die man einem Menschen antun kann,***
***ist die, dass man***
***zu ihm Vertrauen hat."***

Matthias Claudius

Wollt ihr noch andere Spielregeln aufstellen?

Schreibt sie hier auf, damit jeder diese nachlesen kann.

# Hallo Kinder, ihr seid jetzt die Erwachsenen

**Macht euch eine kleine Checkliste, was auf euch Kinder beim Rollentausch alles zukommt.**

**Das haben wir für heute geplant:**

Zu Essen gibt es:

..............................................................................................................

..............................................................................................................

..............................................................................................................

..............................................................................................................

..............................................................................................................

Das müssen wir einkaufen:

..............................................................................................................

..............................................................................................................

..............................................................................................................

..............................................................................................................

..............................................................................................................

..............................................................................................................

..............................................................................................................

..............................................................................................................

..............................................................................................................

Wäsche machen? Geschirr spülen? Rasen mähen?

Das muss alles erledigt werden:

Das ist uns wichtig! Diese Regeln müssen die „erwachsenen Kinder“ einhalten:

# Hallo Eltern, ihr seid jetzt die Kinder

**Auch die Großen sollten sich überlegen, was sie am Rollentauschtag alles machen wollen oder müssen.**

**Das haben wir für heute geplant:**

Das möchten wir spielen:

..................................................

..................................................

..................................................

..................................................

..................................................

Dabei müssen wir mithelfen. Diese Aufgaben haben wir von den „Kinder-Eltern“ bekommen:

..................................................

..................................................

..................................................

..................................................

..................................................

..................................................

..................................................

..................................................

..................................................

Dafür wollen wir unser Taschengeld ausgeben:

Da müssen wir unsere „Kinder-Eltern“ um Erlaubnis fragen:

# Sprecht nach dem Experiment über eure Erfahrungen

**Wenn euer Rollentauschtag zu Ende ist, dann solltet ihr ihn nicht einfach abhaken. Nutzt die Gelegenheit, um miteinander ins Gespräch zu kommen. Macht es euch entweder am Abend des Rollentauschtages oder am nächsten Morgen zusammen im Wohnzimmer gemütlich. Dann erzählt jeder, wie es ihm während des Rollentausches ergangen ist.**

Das hat uns am besten gefallen:

..............................................................................................

..............................................................................................

..............................................................................................

..............................................................................................

..............................................................................................

..............................................................................................

..............................................................................................

..............................................................................................

..............................................................................................

..............................................................................................

Wollt ihr für das nächste Mal gleich andere Spielregeln aufstellen? Schreibt sie hier auf, damit jeder sich erinnern kann.

# Hör mal zu!

## Erzählt euch was

# Kinder, Kinder, das sind Geschichten!

**Jeder Mensch braucht Geschichten. Denn Geschichten zaubern Bilder in den Kopf, entführen uns in andere Welten, lassen uns Sorgen vergessen oder Lösungen finden. Sicher versorgt ihr euch innerhalb der Familie immer wieder mit unterschiedlichen Geschichten: Über Bücher, durch Film im Fernsehen oder Kino.**

Welche Geschichten mögt ihr besonders gerne?

.....................................................................................................

.....................................................................................................

.....................................................................................................

.....................................................................................................

.....................................................................................................

.....................................................................................................

.....................................................................................................

.....................................................................................................

.....................................................................................................

.....................................................................................................

.....................................................................................................

.....................................................................................................

Toll, dass ihr alle eine Lieblingsgeschichte – oder vielleicht sogar mehrere – habt. Heute geht es um ganz besondere Geschichten. Nämlich um selbst erfundene und frei erzählte. Für andere eine Geschichte zu erzählen, braucht ein bisschen Mut und eine Portion Fantasie. Dann kann es schon losgehen. Macht es euch auf der Couch, auf dem Boden oder auf Papas Schoß bequem.

## *Erzählt eure Lieblingsgeschichten nach*

Fangt erst einmal mit etwas Leichtem an. Nachdem ihr alle überlegt habt, welche Geschichten euch gefallen, könnt ihr diese nacherzählen – einer nach dem anderen. Ihr wollt, dass jedes Familienmitglied gebannt zuhören? Dann können die folgenden Tipps dabei helfen:

## Tipps für spannendes Erzählen | O.K.

Störungen sind nicht erwünscht! Also schaltet Handy, Fernseher und Telefon aus. ○

Geht die Geschichte vorab noch einmal in Gedanken durch. Wenn sie ein bisschen anders ist als das Original, macht das gar nichts! ○

Schaut eure Zuhörer am Anfang der Reihe nach an, bevor ihr loslegt. Das erzeugt Spannung. ○

Spielt mit eurer Stimme. Sprecht gefährliche Szene leise. Wenn etwas Überraschendes passiert, hebt die Stimme an. ○

Gebt jeder Figur eine andere Stimme. Ein Pirat spricht tief, eine Hexe schrill, eine Maus piepsig. ○

Macht Gesten zu eurer Geschichte. Zeigt nach oben, wenn sich etwas oben abspielt. Haltet die Hände über die Augen, wenn in der Geschichte etwas in der Ferne auftaucht. Schüttelt den Kopf, wenn etwas Unglaubliches passiert. ○

Wenn ihr nicht mehr genau weiter wisst, fragt einfach eure Zuhörer, was jetzt passieren könnte. Vielleicht kennen sie die Geschichte ja auch. Oder ihr erfindet eine neue Wendung und lasst der Fantasie freien Lauf. ○

*Geschichten sind wie*

*... Flugtickets ins Wunderland.*

*... Tauchgänge zu versunkenen Welten.*

*... bunte Schmetterlinge,*
*die auf deiner Nasenspitze Platz nehmen.*

*... ein Windhauch, der dir ein Geheimnis*
*ins Ohr flüstert.*

*... Tänze an Orten, an denen du noch nie*
*gewesen bist.*

# Würfelt eine Geschichte

**Ihr wollt einmal eine ganz andere Geschichte erzählen? Eine noch nie dagewesene? Dann können euch Geschichtenwürfel dabei helfen. Denn die entscheiden, was als nächstes passiert.**

## *Das braucht ihr für eure Geschichtenwürfel:*

- einen großen Blanko-Holzwürfel für jedes Familienmitglied
- oder selbst gebastelte aus festem Karton
- wasserfeste Filzstifte

## *Dann könnt ihr loslegen:*

Jeder von euch bemalt seinen Würfel. Dazu malt er auf jede Seite ein Symbol oder ein Bild – ganz nach Lust und Laune. Das kann beispielsweise ein Stern, ein Auto, ein Bär, ein Ball, eine Gießkanne, ein Lolli, eine Kerze oder was euch sonst noch einfällt sein.

Trefft euch mit den Würfeln am besten an einem Tisch. Entscheidet, wer mit dem Erzählen beginnen soll. Das gewürfelte Bild, gibt immer vor, welches Symbol in der Geschichte als nächstes auftauchen muss. Dann ist der rechte Nachbar an der Reihe, die Geschichte weiterzuerzählen. So nimmt das Ganze eine immer neue Wendung.

Ihr könnt so lange reihum würfeln, wie es euch gefällt. Wann die Geschichte zu Ende ist, entscheidet ihr.

# Erfindet bekannte Geschichten neu

**Es gibt unzählige berühmte Geschichten oder Filme, die jeder kennt. Aber vielleicht hätte das Erzählte auch ein ganz anderes Ende nehmen können …**

Was wäre wohl passiert, wenn Rotkäppchen ihren Hund mit zur Großmutter genommen hätte? Oder wenn Alice nicht im Wunderland, sondern auf einer einsamen Insel gelandet wäre?

## *Erzählt zusammen eine Geschichte neu*

Sucht gemeinsam ein Buch, das euch allen gefällt. Einer von euch liest den Anfang der Geschichte vor. Wenn die Geschichte kurz ist, könnt ihr auch bis zur Mitte lesen. Und dann überlegt ihr: Wie könnte die Geschichte anders weitergehen? Wie könnte sie ausgehen?

Diese Geschichten würden wir gerne mal ganz neu erfinden:

Diese Filme könnten wir nacherzählen, aber ganz anders:

# Erzählt Geschichten ganz nach Wunsch

**Jetzt ist Geschichtenwünschen angesagt! Bestimmt einen aus eurer Familie, der den anderen eine Geschichte erzählen soll. Ihr könnt auch auszählen oder losen. Holt einen alten Mantel von Papa, den soll der gewählte Erzähler anziehen und sich damit in einen gemütlich Sessel setzen. Vielleicht zündet ihr auch eine Kerze an und schafft so eine Wohlfühl-Atmosphäre.**

***Die anderen überlegen sich, wovon die Geschichte handeln soll. Was soll alles vorkommen? Vielleicht ...***

... ein Pferd?
... ein Ritter?
... ein Sonnenschirm?
... eine Weltreise?
... ein Trampolin?
... eine Mundharmonika?

Das soll alles in unserer Geschichte vorkommen:

Der ausgewählte Geschichtenerzähler „bastelt“ nun eine Geschichte aus all diesen Gegenständen oder Ereignissen. Wenn er nicht mehr weiter weiß, dürfen die anderen ihm natürlich auf die Sprünge helfen!

# Verschenkt Geschichten

**Seid ihr inspiriert und habt schon jede Menge Ideen?**

***„Eine gut erzählte Geschichte
macht aus Ohren
Augen.“***

Chinesisches Sprichwort

Auf der nächsten Seite findet ihr Gutscheine für Geschichten. Die könnt ihr kopieren, ausschneiden und dann verschenken. Oder ihr gestaltet selbst welche, ganz nach eurem Geschmack.
Jeder von euch nimmt sich so viele Gutscheine, wie er Geschichten verschenken möchte. Und gibt sie natürlich an diejenigen in der Familie weiter, denen er eine Freude machen möchte. Eingelöst werden können die Gutscheine jederzeit und an jedem Ort. Ich wünsche euch viele gute Ideen, spannende Familienerzählzeiten, gemütliche Lauschmomente, lustige Helden, gefährliche Abenteuer und turbulente Kopffilme.

Gutschein für eine Geschichte von

..............................

für

..............................

Gutschein für eine Geschichte von

..............................

für

..............................

Gutschein für eine Geschichte von

..............................

für

..............................

Gutschein für eine Geschichte von

..............................

für

..............................

Gutschein für eine Geschichte von

..............................

für

..............................

Gutschein für eine Geschichte von

..............................

für

..............................

# Weißt du noch?

## Erinnert euch gemeinsam

# Über gemeinsame Erlebnisse sprechen

**Was habt ihr als Familie schon alles erlebt? Wenn ihr über eure Erinnerungen sprecht, könnt ihr die Situation noch einmal miteinander durchleben. Dann habt ihr alle wieder den Duft der Geburtstagstorte bei Großtantes Achtzigsten in der Nase, oder das Meeresrauschen eures letzten Italienurlaubs im Ohr.**

Gemeinsame Erlebnisse verbinden euch und machen eure Familie aus. Doch nicht immer sind alle Erinnerungen an vergangene Dinge identisch. Vielleicht erinnert sich Papa noch lebhaft an den Stau, in den ihr geraten seid. Die Kinder erinnern sich daran, dass es zur Ablenkung ein Eis an der Raststätte gab. Und Mama denkt bei der Fahrt vor allem an das tolle Lied, das im Radio lief.

Jeder nimmt nämlich das besonders intensiv wahr, was für ihn in dem Moment von Bedeutung ist. Erzählt also davon: Wie habt ihr was erlebt? Ach ja, und keine Sorge:

***„Eine Familie ist in Ordnung,***
***wenn man den Papagei***
***unbesorgt verkaufen kann."***

Will Rogers

# Tragt alle zu einer Familienerlebnis-Erinnerung bei

**Setzt euch zusammen und füllt gemeinsam die Lücken im Text auf den folgenden Seiten aus.**

Wir haben als Familie schon viel erlebt. Das erste Erlebnis, an das sich alle erinnern können, ist ..........................................................

.................................................................................................

.................................................................................................

.................................................................................................

.................................................................................................

Damals war ..............................................................................

.................................................................................................

.................................................................................................

.................................................................................................

Wir wissen sogar noch, wie das Wetter war, nämlich ........................

.................................................................................................

Und auch noch, was wir anhatten: ..................................................

.................................................................................................

.................................................................................................

Darüber haben wir uns alle gefreut und miteinander gelacht:

..............................................................................................................

..............................................................................................................

..............................................................................................................

..............................................................................................................

..............................................................................................................

..............................................................................................................

Mama kann sich vor allem an ...........................................................

..............................................................................................................

..............................................................................................................

..............................................................................................................

.............................................................................................. erinnern.

........................................................................................ erinnert sich an

..............................................................................................................

..............................................................................................................

..............................................................................................................

Papa weiß noch genau, dass ...........................................................

..............................................................................................................

..............................................................................................................

Und ............................................... fällt bei der Erinnerung sofort

...................................................................................................... ein.

Dieses Erlebnis war wirklich toll und wir sind froh, dass wir die Erinnerung daran teilen können!

# Holt eure Erinnerungen aus den Verstecken hervor

**Wo habt ihr eure gemeinsamen Erinnerungen festgehalten oder eingesammelt? Und wo sind diese Erinnerungsstücke bei euch zu Hause versteckt? Geht mal gemeinsam auf die Suche.**

***„Doppelt lebt,<br>wer auch Vergangenes genießt."***

Marcus Valerius Martial

Tragt alles zusammen, das ihr finden könnt und legt es auf euren Küchentisch. Dann stöbert ihr gemeinsam. Wisst ihr noch?

Ein kleiner Tipp: Hier stecken Erinnerungen drin

## In Fotoalben

Sicher habt ihr wichtige Familienereignisse in Bildern festgehalten. Nehmt euch Zeit, die Fotos von Geburt, Taufen, Geburtstagen, Urlauben und anderen wichtigen Momenten in eurer Familie durchzusehen und euch gemeinsam zu erinnern.

## Auf Filmen

Holt mal alle eure Handys und schaut euch gemeinsam die kleinen Filme von den letzten Familienaktionen an. Vielleicht gibt es ja auch längere Filme, die ihr euch am PC ansehen könnt. Erinnert ihr euch noch, wie wenige Haare das jüngste Familienmitglied bei der Geburt hatte? Oder was für eine lustige Hose Papa auf Rügen trug?

## In Fundstück-Schatzkisten

Vielleicht gibt es in eurer Familie auch Sammler. Solche, die immer Muscheln, Steine, Stöckchen oder Servietten von einer Reise, einem Ausflug oder einem Spaziergang mitbringen. Öffnet eure Schatzkiste mal für die anderen und erzählt, bei welcher Aktion was gefunden und gesammelt wurde.

## Rezept für euren Erinnerungslieblingseintopf

- eine Prise Gemütlichkeit, Kuscheln und Anlehnen
- Zeit zum Nachdenken und in Erinnerungen schwelgen
- offene Ohren der Zuhörer
- gemeinsames Lachen, Weitererzählen, Begeistert sein
- … alles gut verrühren, einwirken lassen und genießen!

# Sammelt wichtige Momente in einer Erinnerungsschublade

**Damit euch die Gedankenanker für eure Familienerinnerungen nicht ausgehen, könnt ihr gemeinsam eine Schublade mit wichtigen Augenblicken anlegen. Der Vorteil einer solchen Schublade:**

Sie kann von jedem bestückt werden und es muss auch nicht so übertrieben ordentlich in dieser Schublade sein. Denn Erinnerungen muss man ja nicht abheften oder in Reih und Glied anordnen.

***„Gute Erinnerungen tragen unser Leben."***

Japanisches Sprichwort

Damit ihr alle diese Schublade gerne öffnet, darin herumstöbert und neue Dinge hineinlegt, ist es wichtig, dass

- eine Schublade nur für eure Familienerinnerungsstücke reserviert ist – egal ob in einer Kommode, im Wohnzimmerschrank oder im Sideboard im Esszimmer. Hier rein kommt nichts anderes.

- jeder von euch Zugang zu dieser Schublade hat. Diejenigen, die noch nicht sehr lang gewachsen sind, sollten die Schublade auch problemlos öffnen können. Überlegt euch also gut, welcher Ort perfekt ist.

- niemand einfach etwas wegnehmen darf, denn alle Erinnerungsstücke sind gleich viel wert und für alle da.

In einer solchen Erinnerungsschublade habt ihr dann sozusagen eure Familienchronik zum Anfassen angelegt.

## Du schaffst das!

# Ermutigt euch gegenseitig

# Ermutigung macht stark!

**Was hilft, wenn ihr euch mal ziemlich mutlos fühlt? Wenn etwas schiefgegangen ist? Oder wenn ihr eine schwierige Aufgabe vor euch habt?**

Egal, ob der Bausteinturm, den ihr gerade mühsam aufgebaut habt, beim letzten Stein in sich zusammengestürzt ist, oder ob ihr in den nächsten Tagen ein Vorstellungsgespräch oder eine knifflige Schulaufgabe vor euch habt: Ermutigt euch gegenseitig! Das gibt Kraft und hilft jedem, an sich und seine Fähigkeiten zu glauben.

***„Mut steht am Anfang des Handelns, Glück am Ende.“***

Demokrit

Nicht nur Kindern tut Ermutigung gut. Wir alle tanken auf, wenn jemand uns sagt, dass er uns etwas zutraut. Wenn sich jemand Zeit für uns nimmt und unsere Ängste und Sorgen ernst nimmt. Das alles hat in einer Familie Platz. Denn dort fühlt ihr euch wohl und seid von Menschen umgeben, die euch lieben und wissen, wie toll ihr seid!

Nehmt euch heute einmal Zeit füreinander, um euch gegenseitig zu sagen und zu zeigen, was ihr aneinander mögt und welche Stärken ihr beim anderen besonders schätzt.

Alles, was mich mutig macht:

Ein Augenzwinkern,

ehrlich gemeinte neugierige Blicke,

ein Über-den-Kopf-Streicheln,

ein dicker Kuss,

ein In-den-Arm-Nehmen,

ein liebes Wort ins Ohr geflüstert,

ein stolzes Nicken,

ein vor Begeisterung offener Mund,

ein Lächeln, das bis zu den Augen reicht,

ein high-five,

ein Daumen hoch,

ein Dazusetzen,

Trost, wenn mal nichts klappen will.

# Mir macht Mut, wenn ...

**Wann fühlt ihr euch stark? Was ermutigt euch?**
**Sicher kann hier jeder von euch etwas aufschreiben:**

Mir, ______________________ (tragt euren Namen ein)

macht Mut, wenn ....

Mir, (tragt euren Namen ein)
macht Mut, wenn ....

Mir, (tragt euren Namen ein)
macht Mut, wenn ....

Mir, (tragt euren Namen ein)

macht Mut, wenn ....

Mir, (tragt euren Namen ein)

macht Mut, wenn ....

# Ich find dich toll!
# - Echt? -
# Das macht Mut!

**Besonders ermutigend ist es, wenn ihr von den anderen zwischendurch mal gesagt bekommt, was sie toll an euch finden. Und natürlich, wenn auch ihr sagt, was ihr an den Familienmitgliedern mögt. Fangt gleich damit an.**

***„Achte auf das Kleine***
***in der Welt,***
***das macht das Leben***
***reicher und zufriedener."***

Carl Hilty

**Was wir an ... ganz toll finden:**

Überlegt gemeinsam und schreibt für jeden aus eurer Familie eine kleine Sammlung an Dingen und Eigenschaften auf, die ihr an ihm toll findet.

An (tragt den Namen ein)
finden wir ganz toll, dass ...

An (tragt den Namen ein)

finden wir ganz toll, dass …

An (tragt den Namen ein)

finden wir ganz toll, dass …

An (tragt den Namen ein)

finden wir ganz toll, dass …

An (tragt den Namen ein)

finden wir ganz toll, dass …

# Legt eine „Bitte nicht sagen!"-Liste an

**Mit der Ermutigung ist es so eine Sache. Damit sie wirkt, muss sie natürlich ehrlich gemeint sein. Aber sie darf auch nicht durch einen unbedachten Zusatz ins Gegenteil gekehrt werden. Wenn ihr beispielsweise sagt: „Ich trau dir das zu …" ist das toll. Wenn danach aber folgt: „… also streng dich gefälligst an" wirkt das entmutigend.**

Sagt den anderen doch mal, welche Äußerungen für euch schwer auszuhalten sind. Oft sind das Sätze, die mit „Nie tust du …" oder „Immer musst du …" beginnen.

**„Bitte nicht sagen"-Liste**

Jeder und jede aus eurer Familie kann hier aufschreiben, was er nicht gerne hört, was die anderen „bitte nicht sagen" sollen:

(tragt euren Namen ein):

(tragt euren Namen ein):

(tragt euren Namen ein):

(tragt euren Namen ein):

(tragt euren Namen ein):

# Seid einen Tag lang unsichtbare Wohltäter

**Seid heute mal Ermutiger für jemanden aus der Familie, ohne es an die große Glocke zu hängen. Dazu müsst ihr den anderen gut beobachten und überlegen, was demjenigen guttun würde.**

## *Das braucht ihr dazu:*

- Zettel in der Anzahl eurer Familienmitglieder
- Stifte

## *Dann könnt ihr loslegen:*

Jeder von euch schreibt seinen Namen auf einen der Zettel. Faltet die Zettel zusammen und mischt sie gut durch. Dann zieht jeder von euch einen davon.
Der Person, die ihr gezogen habt, tut ihr heute den ganzen Tag etwas Gutes – etwas, das Mut macht. Sagt ihm etwas Nettes, nehmt ihm Arbeit ab, zeigt ihm, dass ihr ihn lieb habt.

Setzt euch am Abend zusammen und löst auf, wer wessen unsichtbarer Wohltäter war. Vielleicht wollen alle erst einmal raten? Hatte jeder von euch die richtige Vermutung? Bestimmt gibt es einige Überraschungen! Schön ist natürlich auch, wenn jeder erzählt, was ihm heute besonders gut getan und gefallen hat.

# Je ein Steinchen für ein ermutigendes Erlebnis

**Sprecht darüber, was euch an diesem Tag besonders Mut gemacht hast. Dazu ist es gut, wenn ihr tagsüber eure ermutigenden Momente „festhaltet".**

## *Das braucht ihr dazu:*

- eine Handvoll kleine Kieselsteine für jeden von euch

## *Dann könnt ihr loslegen:*

Jeder von euch steckt sich morgens einige kleine Kieselsteine in seine rechte Hosentasche. Für alles Schöne, was ihr an diesem Tag erlebt und was euch Mut macht, nehmt ihr ein Steinchen aus der rechten Hosentasche und steckt es in die linke.

Am Ende des Tages setzt ihr euch zusammen. Jeder holt die Mutmach-Erlebnisse-Steinchen aus seiner linken Hosentasche und legt sie auf den Tisch oder Boden. Dann wird erzählt: Welches Kieselsteinchen steht für welches schöne, ermutigende Erlebnis? Vielleicht habt ihr ja manche Situationen gemeinsam erlebt und könnt das Erzählte gegenseitig ergänzen. Oder ihr freut euch einfach mit den anderen.

# Ermutigt euch gegenseitig mal ganz kreativ

**Ermutigung soll keine Pflichtübung sein. Es kann echt Spaß machen – für beide Seiten! Die folgenden Ermutigungsvorschläge müsst ihr nicht gleich heute ausprobieren. Aber vielleicht braucht der eine oder andere in den nächsten Wochen besonderen Zuspruch.**

Dann könnt ihr es mit einer kreativen Ermutigung probieren und dem anderen somit zeigen, dass ihr an ihn glaubt.

## *Ermutigung im Luftballon*

Schreibt ein paar ermutigende Worte auf einen Zettel. Den faltet ihr zusammen und steckt ihn in einen Luftballon. Pustet den Ballon auf und verknotet ihn. Schon könnt ihr die Ermutigung im Luftballon verschenken.

## *Ein Herz im Gras*

Hinterlasst beim nächsten Rasenmähen ein Herz im Gras. Oder legt Gänseblümchenblüten in Herzform auf die Wiese. Zeigt demjenigen, den ihr ermutigen wollt, eure Herzensbotschaft. Bestimmt wird er sich darüber freuen!

## Botschaft auf dem Kopfkissen

Malt ein Bild oder schreibt ein paar nette Zeilen für jemand aus eurer Familie. Das Blatt oder den Zettel faltet ihr zusammen und schreibt den Namen der Person, die ihr ermutigen wollt, darauf. Legt den Zettel abends, bevor derjenige schlafen geht, auf sein Kopfkissen. Dort wird er ihn finden und ermutigt ins Land der Träume reisen.

***Mut***

***Wer MUT hat,<br>weil er dazu erMUTigt wurde,<br>kann sich MUTig<br>allen ZuMUTungen<br>des Lebens<br>ohne Angst<br>und ohne Zögern<br>stellen!***

## Wieder gut?

# Versöhnt euch nach einem Streit

# Kennt ihr eure Lieblingsstreitthemen?

**Herrscht in eurer Familie mal nicht „Friede, Freude, Eierkuchen“? Keine Sorge, das ist ganz normal und gehört zum Leben. Denn wo Menschen miteinander im Kontakt sind, kommt es gelegentlich mal zu Reibungen.**

***„In Partnerschaften muss man sich manchmal streiten, denn dadurch erfährt man etwas mehr voneinander.“***

Johann Wolfgang von Goethe

So ist es auch zwischen Eltern und Kindern: Wenn jemand genervt ist, ist das meist ein Zeichen dafür, dass etwas nicht stimmt. Einer von euch hat ein Bedürfnis. Und er oder sie denkt, dass das nicht erfüllt wird. Mama möchte vielleicht gerne mal etwas erzählen, aber niemand hört richtig zu. Papa will, dass es im Flur ordentlich ist. Oder ein Kind will einfach mal nicht gestört werden. Manchmal entsteht deshalb Streit.

Manchen Streit könnt ihr aber auch vermeiden. Der erste Schritt dorthin ist, zu wissen, wann es bei euch häufig „knirscht“. Überlegt in einem ruhigen Moment gemeinsam:

**Wann und warum hattet ihr das letzte Mal Streit?**

Wer hätte sich bei diesem Streit was gewünscht?

Wie konntet ihr euren Streit beenden?

# Blubbern im Bauch? Heiße Wangen? Wie ist deine Wut so?

**Zu einem Streit gehört manchmal auch Wut. Wütend sein ist normal und hat nichts mit gut oder schlecht zu tun. Sie steigt dann auf, wenn ihr euch über etwas ärgert und zeigt, dass irgendetwas nicht passt oder eine Grenze überschritten wurde.**

Was nicht gut ist: Wenn ihr eure Wut an anderen aus eurer Familie auslasst. Damit das nicht passiert, ist es wichtig, die Wut erst mal zu erkennen.

Bei mir ______________ (tragt euren Namen ein) fühlt sich Wut so an:

..............................................................................................

..............................................................................................

..............................................................................................

..............................................................................................

Bei mir (tragt euren Namen ein)
fühlt sich Wut so an:

Bei mir (tragt euren Namen ein)
fühlt sich Wut so an:

Bei mir (tragt euren Namen ein)
fühlt sich Wut so an:

Bei mir (tragt euren Namen ein)
fühlt sich Wut so an:

# Erst abkühlen, dann reden

**Wenn ihr also erkannt habt, dass ihr gerade wütend seid, dann könnt ihr das den anderen aus eurer Familie ruhig sagen. Wichtig ist, dass ihr dabei niemanden verletzt. Weder mit Fäusten noch durch Worte. Lasst euch lieber in aller Ruhe Zeit, um die Wut kleiner und kleiner werden zu lassen.**

Jeder findet sicherlich einen anderen Weg besser, seine Wut abzubauen. Manchmal hilft vielleicht, einfach laut loszulachen.

***„Humor ist der Knopf,<br>der verhindert,<br>dass uns der Kragen platzt.“***

Joachim Ringelnatz

Andere müssen sich bewegen oder auf etwas Kraft ausüben. Zum Abkühlen könnt ihr Unterschiedliches ausprobieren:

# Wut-weg-Kritzeln

**Kritzeln befreit und entspannt – und kann dabei helfen, seine Wut loszuwerden. Vielleicht schafft ihr es damit, beim nächsten Wutgefühl schneller wieder abzukühlen.**

## *Das braucht ihr dazu:*

- ein Blatt Papier, am besten DIN A 3
- Malerkrepp-Klebeband
- Holzfarbstifte

## *Dann könnt ihr loslegen:*

Klebt das Blatt Papier zuerst auf den Tisch, damit es bei der wilden Kritzelei nicht verrutscht oder zerreißt. Nehmt nun einen Stift in der Farbe, die zu eurer Wut passt. Dann malt ihr kräftig drauflos: Kritzelt, malt Blitze, Grimassen, Zickzack, Kreisknäul oder all das, womit ihr eure Wut ausdrücken könnt. Ist das Blatt voll, dann spürt nach, ob die Wut schon kleiner oder vielleicht sogar ganz verflogen ist.

# Wut-Kissen-Boxen

**Wenn man wütend ist, hat man manchmal das Bedürfnis, um sich zu schlagen. Solange ihr dabei niemand trefft, könnt ihr das ruhig tun: Boxt doch einfach mal in ein Wut-Kissen.**

## *Das braucht ihr dazu:*

- ein Sofakissen oder auch mehrere

## *Dann könnt ihr loslegen:*

Nehmt euch ein oder mehrere Kissen. Geht damit in einen Raum, in dem ihr eure Ruhe habt. Dort könnt ihr so richtig Dampf ablassen. Boxt so fest ihr könnt in das Kissen. Wendet dabei richtig Kraft auf. Verausgabt euch. Wenn ihr merkt, dass eure Arme müde werden, spürt mal nach, was aus eurer Wut geworden ist. Bestimmt ist sie schon ziemlich geschrumpft.

# Wut-Grimassen schneiden

**Würdet ihr am liebsten jemandem die Zunge herausstrecken, wenn ihr so richtig wütend seid? Das könnt ihr auch tun – nämlich vor eurem Spiegelbild.**

## *Das braucht ihr dazu:*

- einen Spiegel

## *Dann könnt ihr loslegen:*

Schneidet dem Spiegelbild richtig fiese Wutgrimassen: Reißt den Mund auf, fletscht die Zähne, zeigt eurem Spiegelbild einen „Vogel“, kneift die Augen zusammen. Bestimmt fallen euch noch andere Grimassen ein, die guttun und befreiend wirken. Grimassen sind sozusagen ein Ventil für all die Wut. So kann sie nach und nach verschwinden.

# Entschuldigt und versöhnt euch wieder

**Sobald ihr euch wieder ruhig fühlt, ist es Zeit, dass ihr aufeinander zugeht. Merkt ihr, dass ihr einen Fehler gemacht habt – egal, ob Eltern oder Kinder – solltet ihr euch beim anderen entschuldigen!**

Wie habt ihr euch das letzte Mal bei jemandem entschuldigt?

Wie hat sich die Entschuldigung angefühlt?

**Ein bunter Strauß „Versöhnung“:**

**Eine Blume schenken,**

**ein Herz malen,**

**ein Küsschen geben,**

**über die Wange streichen,**

**Schokolade teilen,**

**die Hand reichen,**

**ein Lächeln schenken.**

Was wollt ihr tun, um euch nach dem nächsten Streit wieder zu versöhnen? Schreibt hier eure gemeinsamen Ideen auf:

***„Die Versöhnung ist‘s, was die Liebe bewahret und alle ihre zarten Blüten.“***

Jeremias Gotthelf

Bleibt am Ball!

# So könnt ihr weitermachen

# Was habt ihr miteinander nur für ein Glück!

**Nun habt ihr mit dem Familien-Mitmach-Buch schon vieles über euch und eure Familie, darüber, was euch glücklich macht, herausgefunden. Schreibt auf, was euch besonders wichtig ist.**

***Unser ganz persönliches Familienglück bedeutet für uns:***

F ..............................................................................

A ..............................................................................

M ..............................................................................

I ..............................................................................

L ..............................................................................

I ..............................................................................

E ..............................................................................

# Wir kleben uns unser Glück:

**Hier könnt ihr aus Zeitschriften Bilder ausschneiden und diejenigen aufkleben, die für euch alle gemeinsam Glück bedeuten.**

# Hört nicht auf

**Gestaltet auch weiterhin den Alltag gemeinsam.**

**Denn:**

***„Wer Gutes tun will,***
***muss es verschwenderisch tun.“***

Martin Luther

Fangt einfach noch einmal von vorne an. Greift die Vorschläge auf, die ihr dieses Mal nicht genutzt habt. Führt manche Aktionen als Ritual in eurer Familie ein oder denkt euch ganz neue aus.

Ich wünsche euch nicht nur Tage, sondern Wochen, Monate und Jahre voller Familienglück!

# Unser Familienversprechen

**Wir,**

.................................................................................

.................................................................................

.................................................................................

.................................................................................

.................................................................................

.................................................................................

.................................................................................

.................................................................................

(tragt hier eure Namen ein)

**werden unser Familienleben auch weiterhin selbst gestalten. Denn wir sind eine mutige und ganz besondere Familie!**

# Weiterlesen

**Hier könnt ihr weiterlesen, euch inspirieren lassen und gemeinsam Spaß haben:**

Alf, Renate: Mütter!, Lappan Verlag

Bartoli y Eckert, Petra / Fenske, Michael:
Lass uns eine Geschichte erfinden. Herder Verlag

Bartoli y Eckert, Petra / Tsalos-Fürter, Ellen:
Die Welt ist voller Erzählanlässe. Verlag an der Ruhr

Bartoli y Eckert, Petra / Tsalos-Fürter, Ellen:
Familiengeschichten für 3- bis 6-Jährige. Cornelsen Verlag

Homer, Holly / Miller, Rachel Miller:
Nie mehr langweilig. Urania Verlag

Prekop, Jirina: Familie lebt von Liebe. Kreuz Verlag

van Vliet, Elma: Mama und Papa erzählen über dich. Knaur Verlag